ANALIZA KSIĄŻKI

AF131484

Biały Kieł

• • • • • • • • • • • • • • • •

Jack London

ANALIZA KSIĄŻKI

Napisany przez Isabelle Consiglio
Przetłumaczony przez Kâmil Kowalski

Biały Kieł

• •

Jack London

JACK LONDON   5

Amerykański pisarz   5

BIAŁY KIEŁ   6

Podróże samotnego wilka   6

STRESZCZENIE   7

Część pierwsza – The Northland Wild   7

Część druga – urodzony na wolności   7

Część trzecia – Bogowie dzikich zwierząt   8

Część czwarta – Bogowie wyżsi   9

Część piąta – oswajanie   10

STUDIUM POSTACI   11

Kiche   11

Biały Kieł   11

Jedno oko   12

Gray Beaver   12

Beauty Smith   12

Weedom Scott   13

ANALIZA   14

Charakterystyczne cechy stylu londyńskiego   14

Odbicie ludzkiej natury   15

Przedstawienie wrogiej natury   16

DALSZA REFLEKSJA   17

Kilka pytań do przemyślenia...   17

DALSZE CZYTANIE   18

Wydanie referencyjne   18

Adaptacja   18

JACK LONDON

AMERYKAŃSKI PISARZ

- **Urodzony w San Francisco w 1876 r.**
- **Zmarł w Glen Ellen w 1916 r.**
- **Godne uwagi prace:**
  - *The Call of the Wild* (1903), powieść
  - *Wilk morski* (1904), powieść
  - *Biały Kieł* (1906), powieść

Żądny przygód i zaangażowania Jack London urodził się w San Francisco w 1876 roku. Od 1890 roku jego miłość do morza zaprowadziła go do odległych krain (Japonia, Anglia, amerykańska daleka północ, Kuba), które stały się inspiracją dla jego powieści. Prawdziwy rozkwit jego kariery literackiej nastąpił w 1903 roku za sprawą powieści *"The Call of the Wild"*, która odniosła ogromny sukces.

Obok działalności literackiej Jack London zaangażował się w politykę, wstępując do Partii Socjalistycznej. Następnie w 1904 roku był korespondentem wojennym na froncie rosyjsko-japońskim. Znużony niekończącymi się problemami finansowymi i nadmiernym spożywaniem alkoholu Jack London zmarł w 1916 roku w wieku zaledwie 40 lat. Do dziś uważany jest za jednego z największych amerykańskich autorów.

BIAŁY KIEŁ

PODRÓŻE SAMOTNEGO WILKA

- **Gatunek:** powieść dla młodych dorosłych
- **Wydanie referencyjne:** London, J. (2016) *The Call of the Wild i White Fang*. Delaware: Clydesdale Press.
- **Pierwsze wydanie:** 1906
- **Tematyka:** wilk, natura, inicjacja, okrucieństwo, przetrwanie, daleka północ

Wydany w 1906 roku Biały Kieł jest częścią serii opowiadań inspirowanych podróżami Jacka Londona po amerykańskiej i kanadyjskiej dalekiej północy. W przeciwieństwie do *The Call of the Wild*, historii opowiadającej o powrocie psa do dzikości, *Biały Kieł* opowiada o oswojonym wilku, który stopniowo oswaja się ze światem ludzi. Powieść można uznać również za inicjację, gdyż głównym bohaterem jest młody wilk, który staje w obliczu okrucieństwa ludzkości. Biały *Kieł* opowiada również o jednym z rozdziałów amerykańskiej historii – kalifornijskiej gorączce złota i trudach współistnienia z rdzennymi mieszkańcami Ameryki.

STRESZCZENIE

CZĘŚĆ PIERWSZA – THE NORTHLAND WILD

Bill i Henry przemierzają saniami rozległe równiny dalekiej północy (zwane the Northland Wild), aby zabrać ciało swojego przyjaciela do Fortu McGurry. Podróż staje się coraz bardziej niebezpieczna, gdy ich psy zaczynają znikać lub uciekać. Dwaj mężczyźni zdają sobie sprawę, że śledzi ich wataha wilków. Wilczyca o czerwonym futrze wydaje się podążać za nimi bardzo blisko, nie okazując żadnego strachu przed ludźmi. Bill staje się coraz bardziej spięty na myśl o byciu śledzonym dzień i noc przez świecące oczy. Postanawia iść i skonfrontować się z wilkami, które atakują jednego z jego ostatnich psów, ale go również pożerają.

Pozostawiony zupełnie sam, Henry rozpoczyna walkę o własne przetrwanie. Porzuca trumnę i sanie i otacza się kręgiem płomieni, ostatnią barierą, która oddziela go od dzikich wilków. W chwili, gdy ma zostać pożarty, Henry zostaje uratowany przez grupę traperów.

CZĘŚĆ DRUGA – URODZONY NA WOLNOŚCI

Historia pozostawia świat mężczyzn za sobą na rzecz śledzenia wędrówki wilczycy o czerwonym futrze. Przyciąga ona uwagę starego samca, Jednookiego, który szybko pozbywa się wszelkich miłosnych rywali. Wilcza para przemierza rozległe, lodowe równiny w poszukiwaniu terytorium.

To właśnie tam, wiosną, rodzi się pięć młodych wilków. Przeżywa tylko jedno z nich; mróz i głód zabijają pozostałe. Jedno Oko ginie w walce z rysiem.

Teraz sam z matką, młody samiec musi nauczyć się polować i przetrwać wśród drapieżników. Instynkt prowadzi go coraz dalej od jego terytorium, aż w końcu i on zostaje zaatakowany przez rysia. Z pomocą matki młodemu wilkowi udaje się w końcu pokonać przeciwnika.

CZĘŚĆ TRZECIA – BOGOWIE DZIKICH ZWIERZĄT

Po raz pierwszy młody wilk styka się z ludźmi. W drodze na polowanie widzi rdzennych Amerykanów. Jego matka nie boi się mężczyzn i wydaje się być posłuszna ich rozkazom. Następnie czytelnik dowiaduje się, że wilczyca urodziła się w wyniku skrzyżowania samicy psa należącej do rdzennego Amerykanina z wilkiem. Gray Beaver, jeden z rdzennych Amerykanów, nadaje jej imię Kiche, a swojemu małemu synkowi nadaje imię Biały Kieł. Dwa wilki zostają przyprowadzone do jego obozu.

Biały Kieł szybko zostaje oddzielony od matki, która zostaje sprzedana innej grupie rdzennych Amerykanów. Młody wilk odkrywa wtedy okrucieństwo ludzkiej władzy; mężczyźni wyśmiewają go, poniżają i biją. Biały Kieł staje się również zaprzysięgłym wrogiem psów rdzennych Amerykanów. Zmuszony do obrony przed całą tą nienawiścią, młody wilk staje się agresywny i dziki, atakując każdego potencjalnego rywala. Wilk jest rozdarty pomiędzy poddaniem się mężczyznom a jego niekontrolowanym pragnieniem powrotu do dzikości. Wiosną jego matka wraca do obozu, ale mając kolejny miot młodych, nie uznaje go.

CZĘŚĆ CZWARTA – BOGOWIE WYŻSI

Indianie cierpią z powodu straszliwego głodu. Szary Bóbr postanawia więc ruszyć na północ. Biały Kieł zostaje psem zaprzęgowym, a reszta stada zazdrości mu szczególnej więzi, jaką zdaje się mieć ze swoim właścicielem. Kilka lat później, w 1898 roku, Szary Bóbr i jego psy trafiają do Jukonu, do którego masowo przybywali poszukiwacze złota. Gdy Gray Beaver sprzedaje różnego rodzaju towary, spotyka człowieka o imieniu Beauty Smith, który chce kupić Białego Kła. Początkowo rdzenny Amerykanin odmawia, ale Beauty Smith udaje się go przekonać, wielokrotnie sprzedając mu whisky.

Biały Kieł zostaje sprzedany strasznie okrutnemu człowiekowi; Beauty Smith zamienia wilka w zwierzę bojowe i organizuje zakłady. Biały Kieł szybko staje się zwierzęciem cyrkowym; wygrywa imponującą serię walk, a jego reputacja wyprzedza go w całej okolicy. Pewnego dnia zostaje zdemolowany przez silnego przeciwnika; buldoga. Biały Kieł zostaje w ostatniej chwili uratowany przez Weedoma Scotta, inżyniera górnictwa, oraz Matta, przewodnika psów. Choć początkowo chce zabić Białego Kła ze względu na jego agresję, Scottowi udaje się oswoić zwierzę poprzez cierpliwość, komunikację i dotyk. Wilk staje się jego wiernym towarzyszem i całkowicie polega na swoim nowym właścicielu. Budują kochającą relację.

CZĘŚĆ PIĄTA – OSWAJANIE

Weedom Scott czyni z Białego Kła psa zaprzęgowego. Udaje mu się zmusić go do posłuszeństwa bez użycia brutalności czy siły. Wilka i jego właściciela łączy bardzo szczególna więź; Biały Kieł całkowicie mu ufa i zdaje się ulegać jego władzy. Gdy sezon dobiega końca, Scott rozważa powrót do swojego domu w Kalifornii. Nie planuje zabierać ze sobą wilka, biorąc pod uwagę klimat tego regionu. Jednak w obliczu nieustannych krzyków Białego Kła, który czuje się opuszczony, musi zmienić zdanie i wyrusza w towarzystwie swojego wiernego towarzysza.

Wilk odkrywa wtedy nowe życie; z dala od polodowcowych równin coraz bardziej przyzwyczaja się do domu Scotta, rodziny i zwierząt w okolicy. Wilk staje się swego rodzaju psem stróżującym dla całego domu. Ratuje rodzinę, zatrzymując niebezpiecznego skazańca, który uciekł z więzienia i ma młode z psem Scotta.

STUDIUM POSTACI

KICHE

Kiche jest krzyżówką wilka i psa, została wychowana przez rdzennych Amerykanów. Chociaż jej instynkt wewnętrzny pozostaje dziki, dobrze czuje się wśród ludzi i nie obawia się kontaktu z nimi. Jej życie jest naznaczone przez jej powrót do dziczy, kiedy spotyka One Eye i wychowuje Biały Kieł, jedynego ocalałego z jego miotu. Następnie wraca do ludzi i zostaje oddzielona od swojego młodego. Jako opiekuńcza matka, Kiche uczy Białego Kła stylu życia, na który wpływ ma zarówno dzika przyroda, jak i świat ludzi.

BIAŁY KIEŁ

Oszałamiające i szybkie zwierzę, Biały Kieł od najmłodszych lat charakteryzuje się siłą fizyczną i odpornością. Kiedy ledwo zaczyna przyzwyczajać się do niebezpieczeństw lasu, zostaje schwytany przez rdzennych Amerykanów, którzy oswajają go przy użyciu przemocy. Pozbawiony uczuć, ale nie mogący już żyć bez kontaktu z człowiekiem, rozwija w sobie agresywną stronę, która jest jego jedyną bronią. Kiedy staje się psem bojowym, nie zna już innych zachowań niż atakowanie i zabijanie. Nie ufa ludziom, ale nie może bez nich żyć. Jego instynkt łowiecki jest trwale zmieniony przez zależność od człowieka. Biały Kieł potrzebuje czasu, aby pozbyć się swojej brutalnej natury. Po zaakceptowaniu i udomowieniu przez Weedoma Scotta, staje się ostatecznie lojalnym i wiernym zwierzęciem.

JEDNO OKO

Stary samiec, który stracił oko podczas walki z miłosnym rywalem, ten wilk reprezentuje dzikie i nieoswojone zwierzę. Boi się ludzkości, ale jego instynkt napędza go do zabicia ich, jeśli czuje się zagrożony.

GRAY BEAVER

Gray Beaver jest jednym z przywódców Amerykanów. Ponieważ pies, który urodził Kiche należał do jego brata, uważa Białego Kła za swoją własność. Stanowi on pierwszy kontakt Białego Kła z człowiekiem. Choć nie jest czuły wobec młodego wilka, szybko zdaje sobie sprawę z jego ogromnej wartości. Chroni więc Białego Kła przed powtarzającymi się atakami innych psów zaprzęgowych. Wilk staje się jego towarzyszem.

Ale Szary Bóbr zdradza Białego Kła dwukrotnie; sprzedaje jego matkę, a także sprzedaje go okrutnej Pięknej Smith w zamian za alkohol. W końcu to właśnie chęć bycia przekupionym, a nie miłość do zwierzęcia, dyktuje decyzje rdzennego Amerykanina. Ten sposób myślenia został mu zapewne przekazany przez białych ludzi.

BEAUTY SMITH

Opisywany jako brzydki i brutalny człowiek, Beauty Smith, obozowy kucharz dla górników złota, otrzymał swoje przezwisko od mężczyzn, którzy szydzili z jego wyglądu.

Gdy tylko widzi Białego Kła w obozie, chce go mieć. Ten człowiek jest zamieszany w różnego rodzaju handel i i nielegalnie organizuje walki psów, aby zgarniać zakłady. Wilk byłby więc gwarantowane, aby zrobić mu fortunę. Wykorzystuje on słabość Szarego Bobra, sprzedając mu dużo alkoholu. To właśnie z Beauty Smith Biały Kieł staje się naprawdę dziką bestią. Nawet bardziej niż Gray Beaver, Beauty Smith reprezentuje skorumpowaną i okrutną naturę ludzkości. Nie ma odwagi skonfrontować się z Weedom Scottem, któremu oddaje Białego Kła za kilka dolarów. Po raz ostatni próbuje ukraść wilka Weedomowi Scottowi, ale Biały Kieł broni się i zadaje poważne ślady ugryzień swojemu byłemu właścicielowi.

WEEDOM SCOTT

Od pierwszego pojawienia się Weedom Scott przychodzi z pomocą Białemu Kłu, ratując go od pewnej śmierci podczas walki z buldogiem. Scott jest człowiekiem cierpliwym, dyplomatycznym i tolerancyjnym. Jako inżynier górniczy cieszy się dobrą opinią wśród mężczyzn w obozie. Choć początkowo chce zabić Białego Kła ze względu na jego agresję, szybko dostrzega potencjał zwierzęcia, gdy zauważa, jak wilk potrafi odróżnić uzbrojonego człowieka od nieuzbrojonego.

Następnie, z cierpliwością, akceptuje zwierzę. Jest również pierwszym człowiekiem, który naprawdę rozmawia z wilkiem, a oni budują więź miłości i zaufania. Scott oficjalnie adoptuje wilka i uczy go życia w swoim domu na południu. Jest człowiekiem głęboko dobrym i hojnym.

ANALIZA

CHARAKTERYSTYCZNE CECHY STYLU LONDYŃSKIEGO

Styl Jacka Londona ma trzy zasadnicze cechy:

* Niemal całkowity brak dialogów. Ponieważ zdecydowana większość książki Londona opowiada o podróżach samotnego wilka, dialogów jest bardzo mało. W zasadzie ludzkie postacie pojawiają się tylko w ograniczonym zakresie. Dialog jest więc rozmieszczony bardzo oszczędnie w całej powieści. Narracja w dużym stopniu wykorzystuje długie opisy różnych krajobrazów czy rozmyślania młodego wilka.

* Zastosowanie personifikacji. Historia Londona jest opowiadana z perspektywy Białego Kła, dzięki czemu czytelnik poznaje wszystkie jego emocje i myśli. Personifikacja jest środkiem stylistycznym, który polega na nadaniu zwierzęciu lub przedmiotowi cech powszechnie uznawanych za ludzkie. W ten sposób trening Białego Kła jest napisany tak, jakby był on dzieckiem i obdarzony jest ludzkimi uczuciami: "Był zakłopotany większym kłopotem. Tęsknił za domem" (część 3, rozdział 1).

* Zewnętrzne spojrzenie na ludzkość. Bohaterem powieści Londona jest wilk (dlatego czytelnik nie może się z nim utożsamić), a historia jest opowiadana z jego perspektywy. Decyzja o opowiedzeniu historii z perspektywy Białego Kła może być interpretowana jako chęć zrobienia kroku w tył; pozwala mu to spojrzeć na ludzką naturę z zewnątrz.

Oczami Białego Kła ludzkość i jej zachowanie stają się centralnym punktem powieści. Jest to szczególnie widoczne, gdy Biały Kieł obserwuje mężczyzn otaczających Pięknego Smitha, którzy obstawiają walkę, w której ma on wziąć udział.

ODBICIE LUDZKIEJ NATURY

Biały Kieł prezentuje pesymistyczne spojrzenie na ludzkość. Z punktu widzenia wilka, człowiek jest "Bogiem" w tym sensie, że ma absolutną dominację nad naturą i, czasami, swoimi bliźnimi. W ten sposób odnosi się do wszystkich napotkanych mężczyzn. Co prawda wszyscy ludzie, których spotyka zwierzę są szczególnie okropni; Szary Bóbr nie waha się przed oddzieleniem wilczego dziecka od matki, a Beauty Smith ma wpojone oszukiwanie i kłamanie.

Tak więc mężczyźni są lepsi od świata zwierząt, Biały Kieł zależy od ludzi, a jednocześnie walczy z tą zależnością. Gray Beaver wychowuje wilka bijąc go, a Beauty Smith wykazuje się straszną przemocą. Dla obu z nich, przyjęty wilk jest niczym więcej niż sposobem na zarabianie pieniędzy. Nie martwią się ani przez chwilę o jego komfort. Mężczyźni wykorzystują swoją wyższość nad zwierzęciem, które odtąd jest udomowione.

Wilk widzi jednak, że niektórzy mężczyźni są lepsi od innych; dlatego biali mężczyźni są nazywani "wyższymi bogami". Biali ludzie mają w rzeczywistości podwójną wyższość. Czują się lepsi od zwierząt, ale także od swoich pobratymców; Indianie są wykorzystywani i pogardzani przez białych ludzi, którzy rozszerzają swoje terytorium na Zachód ze szkodą dla

Indian. Beaver Gray prowadzi nędzne życie; cierpi z powodu głodu i jest zmuszony do przemieszczania się w celu prowadzenia swojego handlu. Postawa Beauty Smitha jest reprezentatywna dla białych ludzi; wykorzystuje on upodobanie Beavera Graya do alkoholu i kupuje wilka za śmiesznie niską cenę.

PRZEDSTAWIENIE WROGIEJ NATURY

Ustawienie powieści jest podzielone na dwie główne części; Północ dla jednej części i Kalifornia dla drugiej, kiedy Weedom Scott przynosi Białegoo Kła do swojego domu. Te dwa ustawienia charakteryzują się wrogością:

- Odcinki amerykańskiej dalekiej północy są od początku powieści wrogo nastawione do mężczyzn. Bill i Henry zostają zaatakowani i w końcu pożarci, a Beaver Gray i jego cała rodzina cierpią z powodu głodu. Wśród zwierząt panuje prawo dżungli, niektóre wilki szybko zabijają się nawzajem.

- Kalifornijskie miasta widziane są oczami Białego Kła jako środowisko niebezpieczne, opresyjne i okrutne. Hałas linii tramwajowych i portu niepokoi wilka, który widzi w człowieku stałe zagrożenie.

Ustawienia są więc odzwierciedleniem sposobu, w jaki w powieści przedstawiony jest człowiek; dominuje w nich okrucieństwo. Ludzkość stara się również zdominować naturalne przestrzenie.

DALSZA REFLEKSJA

KILKA PYTAŃ DO PRZEMYŚLENIA...

- W całej powieści mężczyźni są postrzegani jako bogowie. Do jakiego spojrzenia na świat skłania to stwierdzenie?

- Jak pokazana jest kohabitacja między rdzennymi mieszkańcami a białymi ludźmi? Czy jest to zgodne z prawdą historyczną?

- Czy uważasz, że spotkanie Białego Kła z mężczyznami było dla niego szczęśliwe, czy wręcz przeciwnie – przyniosło dramatyczne wydarzenia?

- W jaki sposób wilk jest zwykle pokazywany w kulturze zachodniej? Dlaczego w takim razie historia przyjaźni człowieka i wilka jest uważana za wyjątkową?

- Jaką rolę w powieści odgrywają pieniądze i ich powab?

- Biały Kieł jest nieustannie rozdarty między swoim drapieżnym, dzikim instynktem a byciem najlepszym przyjacielem człowieka. Jak myślicie, która strona go wygra?

- Jak różniłaby się ta historia, gdyby została opowiedziana z perspektywy człowieka?

- Jak myślisz, co Biały Kieł wniósł do Weedom Scott?

- Porównaj Billa i Henry'ego z Piękną Smith z punktu widzenia ich stosunku do wilków. Jakie wnioski możemy z tego wyciągnąć?

- Na końcu powieści Biały Kieł zachowuje się bohatersko, ratując swoich właścicieli. Jak myślisz, co symbolizuje ten czyn?

DALSZE CZYTANIE

WYDANIE REFERENCYJNE

London, J. (2016) *The Call of the Wild i White Fang*. Delaware: Clydesdale Press.

ADAPTACJA

Biały Kieł (White Fang) (1991) [Film]. Randal Kleiser. Dir. USA: Walt Disney Pictures.

Chcemy usłyszeć od Ciebie, co się dzieje!
Zostaw komentarz na temat swojej internetowej biblioteki
i podziel się swoimi ulubionymi książkami w mediach społecznościowych!

Dlaczego warto wybrać Must Read?

Dowiedz się wszystkiego, co musisz wiedzieć o książce dzięki naszym zwięzłym i dogłębnym streszczeniom i analizom!

Odkryj to, co najlepsze w literaturze w zupełnie nowym świetle!

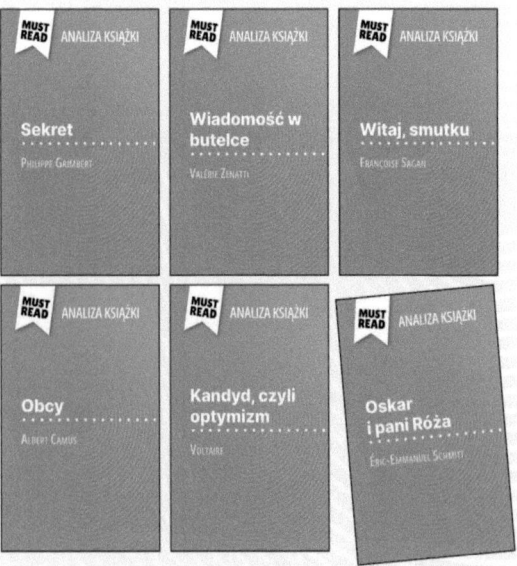

www.50minutes.com

Master ISBN: 9782808695091
Papierowy ISBN: 9782808616492
Depozyt prawny: D/2023/12603/1929

Verhaal: © Primento

Projekt cyfrowy: Primento, cyfrowy partner wydawców.